# POUR PÉNÉTRER

# EN CHINE

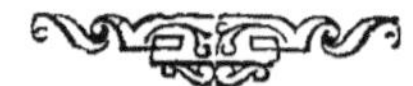

SENLIS

IMPRIMERIE ET LITHOGRAPHIE ERNEST PAYEN

9-11, place de l'Hôtel-de-Ville, 9-11

—

1890

# POUR PÉNÉTRER EN CHINE

# POUR PÉNÉTRER

# EN CHINE

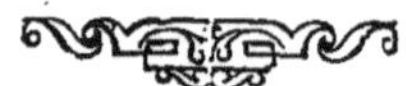

SENLIS

IMPRIMERIE ET LITHOGRAPHIE ERNEST PAYEN

9-11, place de l'Hôtel-de-Ville, 9-11

—

1890

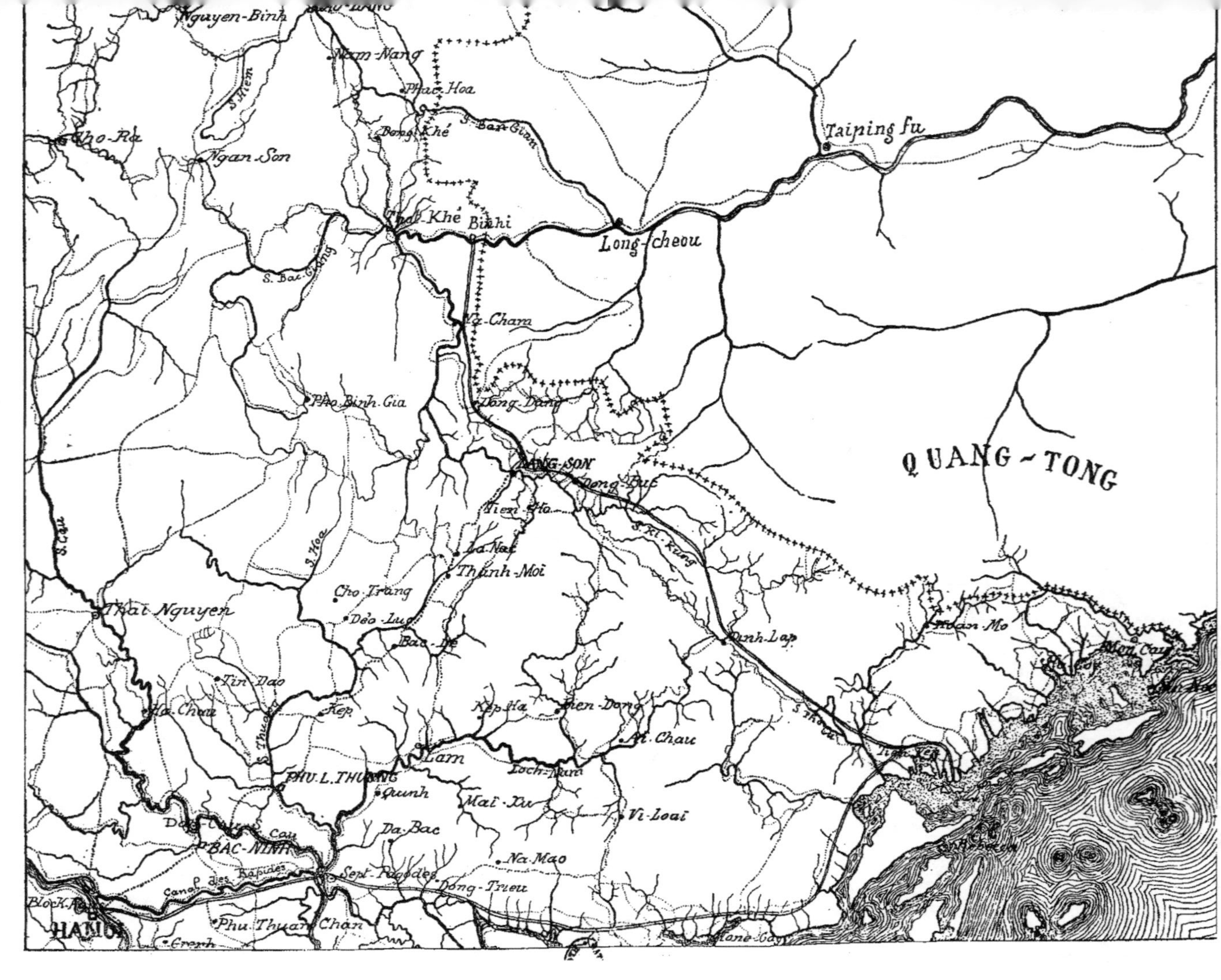

Nguyen-Binh
Cao-Bang
Nam-Nang
Phac-Hoa
Cho-Ra
Ngan-Son
Dong-Khé
S. Song-Giam
Taiping fu
S. Hiem
That-Khé
Binhi
Long-cheou
S. Bac-Giang
Na-Cham
Pho-Binh-Gia
Dong-Dang
QUANG-TONG
LANG-SON
Dong-Dut
Tien-Hoa
S. Ki-Kung
La-Nat
Thanh-Moi
Cho-Trang
Dèo-Luc
Thai-Nguyen
Bac-Lé
Tin-Dao
Dinh-Lap
Moan-Mo
Mon-Cay
Ha-Chau
Kep
Kep-Ha
Tien-Dong
S. Tho-Ce
Pt. Chau
Na-Yen
Lam
Loch-Kun
PHU.L.THUONG
Quinh
Mai-Xu
Vi-Loai
Dap-Chau-Cau
Da-Bac
BAC-NINH
Na-Mao
Canal des Rapides
Sept-Pagodes
Dong-Trieu
Block.R
HANOI
Phu-Thuan-Chan
S. Cau
S. Hoa
Crenh
Mane-Cay

# Pour pénétrer en Chine.

---

## I

La question de l'Indo-Chine est posée en France depuis plus d'un siècle. C'est en 1785, à propos d'une révolte qui éclata en Cochinchine, que la France fut amenée à s'intéresser directement aux affaires indo-chinoises en général, et au pays d'Annam en particulier. On connaît les débuts de l'affaire : l'ambassade de Pigneau de Béhaine, évêque d'Adran, à la cour de Versailles, le traité signé par Louis XVI et l'envoi d'une expédition. Mais les premiers projets avortèrent, et ce fut seulement sous le règne de Napoléon III qu'une occasion et un prétexte se présentèrent de prendre définitivement pied dans le pays. Les persécutions sans cesse renouvelées contre les missionnaires et les chrétiens étaient le prétexte, la guerre de Chine était l'occasion.

Posée au XVIIIᵉ siècle, ce n'est qu'en 1858 que la question de l'Indo-Chine entra dans le domaine des faits. Mais dès lors les événements se précipitent, et moins de trente années devaient suffire pour réaliser l'œuvre poursuivie depuis un siècle.

****

A l'origine, le sentiment qui poussa à l'occupation de l'Indo-Chine fut, outre le désir de fonder une colonie nouvelle, le besoin aussi pour l'ancienne monarchie de réparer, par une campagne heureuse, la brèche qu'avait faite à l'influence française en Asie la perte de l'Empire des Indes. Mais on ne se proposait de la conquête aucun objet direct, aucun profit nettement déterminé.

Depuis, la question a changé de face. Aujourd'hui la prise de possession du Tonkin a une portée immédiate : c'est le contact avec la Chine ; c'est la pénétration de l'Empire du Milieu. Actuellement, toutes les puissances européennes s'efforcent de saisir par un point cet immense pays, réservoir pourvu des plus grandes richesses économiques ; la France semble la mieux placée pour obtenir les profits les plus considérables. En contact direct avec le Céleste-Empire sur une étendue frontière très grande, elle est limitrophe des provinces réputées les plus riches : Quang-Tong, Quang-Si et Yunnan.

Nous ne ferons pas l'historique des travaux de reconnaissance entrepris depuis trente ans dans l'Indo-Chine en vue des rapports avec l'Empire du Milieu. Nous dirons seulement que les explorations de Doudart de Lagrée, de Garnier, Dupuis, Harmand, Pavie, etc., ont fait connaître les admirables richesses de tous ces pays. Actuellement le temps des reconnaissances et des études préparatoires est passé ; il faut aboutir. Aussi bien tout nous invite à nous presser.

D'abord les intérêts mêmes du pays dont nous avons pris la charge, les nôtres ensuite, ceux de la civilisation européenne : intérêts que nous ne pouvons pas laisser plus longtemps en souffrance.

D'autre part la nécessité urgente d'arriver les premiers. Or, nos rivaux se dépêchent, les Anglais s'avancent, la Birmanie est leur base d'opérations. Moins près du but à atteindre, moins bien placés, en retard sur nous dans la conquête même du pays qui est leur centre d'action, ils mettent tout en œuvre pour nous devancer ; leurs explorateurs se multiplient, leurs projets se dessinent ; M. Colquhoun rêve de supplanter nos vaillants pionniers. Nous devons nous hâter.

*
**

Mais comment pénétrer en Chine ; quel moyen employer et quelle voie suivre ?

Le moyen, il n'y a pas de doute à cet égard, c'est le chemin de fer. C'est le chemin de fer que préconise M. Colquhoun, c'est le chemin de fer que les Russes emploient. On sait, en effet, que le général Annenkov se propose d'établir une voie reliant le Transcaspien au Pacifique, voie qui longera la frontière chinoise et qui même en deux ou trois points pénétrera sur le territoire du Céleste-Empire. Au Tonkin, c'est donc le chemin de fer qu'il faut employer. Nous n'avons pas à démontrer la supériorité du chemin de fer sur la voie de terre, nous rappellerons seulement cette parole de lord Dufferin, vice-roi de l'Inde, où les travaux publics sont si considérables : « Une route coûte indéfiniment, tandis qu'un chemin de fer finit toujours par rapporter ». D'ailleurs le chemin de fer est accepté en principe.

*<br>* *

Maintenant, quel tracé adopter ? On a proposé vingt solutions. Les uns demandent que la voie ferrée, partant de Haïphong, passe par Hanoï, Sontay, le Fleuve Rouge et pénètre en Chine à Laokay. Les autres, comme M. Harmand, délaissant Hanoï, demandent qu'on relie la tête du delta avec les ports du nord, par Bac-Ninh, avec pénétration sur l'un des plateaux de l'ouest. Mais toutes ces combinaisons, sauf peut-être celle de M. Harmand, n'ont pas l'avantage d'être assises sur des expériences réelles et de répondre aux besoins économiques et aux nécessités politiques. En revanche, un projet dû à l'initiative privée, et que nous allons exposer en détail, renferme incontestablement tous les mérites qui manquent aux projets précédents.

Comment doit-on s'y prendre pour pénétrer en Chine? D'une façon générale, l'orographie du massif montagneux de l'Asie qui intéresse le Tonkin et les provinces frontières de Chine, se présente de la façon suivante : en partant des hauts plateaux du Thibet, c'est un toit en pente douce qui s'incline vers l'est. Le Tonkin touche à la partie inférieure de la pente et à l'origine même des points où commence la navigabilité des fleuves. On comprend immédiatement l'avantage de cette situation, surtout si l'on considère que les projets anglais, qui visent à la pénétration de la Chine, consistent au contraire à aborder l'Empire du Milieu au sommet même du toit.

Pour pénétrer de la Birmanie au Yunnan, en effet, les Anglais sont obligés de passer par le Siam, près de la rive gauche du Mékong, et d'arriver à Ta-Li, origine du courant commercial, à une altitude d'environ 2,300 mètres.

De là, le courant commercial, par une pente douce, traverse Yunnan-Fu, Kaïhoa-Fu (à 700 mètres d'altitude, sur la rivière Claire), Pose-Ting (sur la rivière de Canton). Pose-Ting est le point de transfert des caravanes venant du Yunnan et du Szechuen. De Pose-Ting, les caravanes embarquent leurs marchandises sur des jonques qui les portent en soixante-dix jours jusqu'à Canton, à raison de 5 francs la tonne kilométrique.

De Nanning-Fu, les marchandises plus précieuses vont à dos de coolies jusqu'à Pakhoï.

De Pose à Pakhoï, il faut trente jours.

Voilà le fait. D'une part, étant donné la situation, les Anglais, à qui il faut, pour pénétrer en Chine, poser 1,500 kilomètres de rails et escalader de formidables escaliers montagneux de 7,000 pieds ; de l'autre, les Français, qui n'ont à triompher que de minces difficultés et à établir une voie huit fois plus courte. Mais comment l'établir ?

Ce point a été élucidé, d'une façon qui défie toute critique, par M. le marquis de Morès.


## II


Ancien élève de Saint-Cyr, ancien officier de cuirassiers, M. de Morès a entrepris de doter le Tonkin de l'élément de fortune qui lui fait défaut, c'est-à-dire le chemin de fer, et de donner à ce pays, jusqu'ici la proie des partis politiques, l'orientation économique qui seule peut en faire la richesse dans l'avenir.

Dès le mois de juillet 1888, M. de Morès, au retour d'un séjour de huit mois dans les Indes anglaises, entrait en relation avec l'administration. Il s'adressait tout d'abord au Ministre des Affaires étrangères, M. Goblet, qui, à la date du 19 juillet, abouchait M. de Morès avec le Sous-Secrétaire d'Etat aux Colonies, pour tous renseignements à prendre.

A la date du 15 août, M. de Morès formulait son projet dans les termes suivants :

*Demande de concession de terrains au Tonkin, pour la création de groupes productifs, à réunir par une voie ferrée allant de la mer à la frontière chinoise.*

« Monsieur le Président du Conseil,

« J'ai l'honneur de vous demander en concession les terrains désignés ci-après, à charge par moi de remplir les conditions stipulées en même temps :

1° L'île montueuse, contenant un fortin et un signal optique, située à Port-Courbet, à l'entrée de la baie d'Halong, pour en faire la tête de ligne commerciale de la voie ferrée projetée, notamment pour y établir un dépôt de charbon, à charge par moi d'y construire un embarcadère dans l'espace de trois ans après la signature de la concession de cette île.

« 2° Deux cents hectares par kilomètre de voie construite, à choisir dans un rayon de 10 kilomètres de chaque côté de la voie, parmi les terrains non cultivés ou non concessionnés à l'époque de la signature de la concession.

« Dès qu'une désignation suffisante pourra en être faite, quatre cents hectares par kilomètre de tracé seront réservés pendant deux ans, afin de permettre d'étudier le pays. Les titres de propriété seront établis lors du choix définitif.

« La construction de l'infra-structure donnera la propriété de cent hectares par kilomètre, et la pose des rails les cent autres.

« La mise en valeur donnera la propriété des terrains exploités dans le cas où, après avoir fait les travaux du levé, le choix du terrain et créé un groupe producteur, l'achèvement de la ligne ne serait pas possible.

« 3° Le droit de passage gratuit sur tous les terrains domaniaux, et le droit d'expropriation dans les districts habités.

4° L'exemption d'impôt pendant cinq ans pour les nouvelles exploitations.

« Cent kilomètres de voie devront être construits cinq ans après la signature de la concession, et la communication entre la frontière chinoise et la mer devra être établie par chemins de fer ou par chemins de fer et vapeurs, dix ans après la signature de la concession, sous peine de retrait pour la partie non achevée.

« Le commencement des travaux permettra d'embrigader en bataillons de chemin de fer les tirailleurs indigènes licenciés, et de les avoir ainsi sous la main, sans frais pour l'État.

« A cause des saisons, il serait nécessaire de pouvoir s'embarquer le 15 octobre au plus tard, pour les travaux préparatoires, et, à cet effet, une réponse dans un bref délai serait nécessaire.

« Veuillez agréer, etc.

« Signé : DE MORÈS. »

Avec cette demande, M. de Morès remettait au Président du Conseil, M. Floquet, un dossier complet comprenant « l'exposé sommaire d'un projet de chemin de fer de pénétration au Tonkin ». Ces documents étaient aussitôt communiqués au Sous-Secrétaire d'Etat à la Marine, qui en avisait M. de Morès dans la lettre suivante :

« Paris, le 7 septembre 1888.

« *Le Sous-Secrétaire d'Etat au ministère de la Marine et des Colonies, à M. Antoine Manca de Vallombrosa, marquis de Morès.*

« Monsieur,

« J'ai l'honneur de vous accuser réception du dossier relatif à la création de voies ferrées au Tonkin, que vous avez adressé à M. le Président du Conseil, et qui a été transmis par lui à l'administration des Colonies.

« Ce projet sera soumis, dès la semaine prochaine, à l'examen de la Commission spéciale constituée auprès du Département pour étudier les questions intéressant les travaux publics et les mines au Tonkin.

« Recevez, etc.

« Signé : DE LA PORTE. »

La demande, en effet, était transmise à la Commission ; celle-ci l'étudiait, et voici quel était le résultat de l'examen, d'après une communication du Sous-Secrétaire d'Etat :

« Paris, le 18 octobre 1888.

« *Le Sous-Secrétaire d'Etat au ministère de la Marine et des Colonies, à M. Antoine Manca de Vallombrosa, marquis de Morès.*

« Monsieur,

« Ainsi que je vous l'ai annoncé par ma lettre du 7 septembre dernier, la Commission spéciale constituée auprès du Département pour étudier les questions intéressant les travaux publics en Annam et au Tonkin, a été appelée à examiner la demande de concession que vous avez adressée, vers la fin du mois d'août, à M. le Président du Conseil, Ministre de l'Intérieur.

« Je m'empresse de vous faire savoir que le principe même de votre proposition, qui consiste à substituer une concession de terrains à la garantie pécuniaire du Protectorat, pour la construction de chemins de fer au Tonkin, a été accueillie favorablement par la Commission.

« Le projet en lui-même a donné lieu, en revanche, à certaines observations dont voici le résumé :

« Aux termes de la note explicative qui se trouvait jointe à votre lettre du 26 août dernier, vous offrez d'assurer, dans un délai de dix ans, la communication entre la frontière chinoise du Yunnan et la baie d'Halong, soit par chemins de fer seulement, soit par chemins de fer et bateaux combinés, et vous vous engagez à construire dans un premier délai de cinq années cent kilomètres de voie ferrée. Vous demandez, en échange, que l'Etat vous concède la propriété de deux cents hectares par kilomètre de voie construite ; vous stipulez, en outre, que la mise en valeur seule des terrains exploités vous en donnerait la propriété dans le cas où, après avoir fait les travaux de levé, choisi le terrain et créé un groupe indépendant, l'achèvement de la voie ferrée ne serait pas possible.

« Je dois vous faire observer tout d'abord que la nature de l'instrument entre le Yunnan et la mer est insuffisamment définie, puisque, suivant le cas, vous proposez de substituer à la voie ferrée un service mixte de chemins de fer et de bateaux à vapeur ; la commission a été mise aussi dans l'impossibilité d'apprécier la valeur de cet instrument de transport, puisque l'ordre d'exécution des différentes sections du chemin de fer de Port-Courbet à Hanoï et Laokay n'est pas déterminé, et que vous vous réservez la faculté, après avoir établi certaines sections, d'abandonner celles qui vous paraîtront impossibles à construire. Cette dernière condition, qui serait absolument protestative de votre part, entraînerait la nullité du contrat et notamment de la clause qui permet au concessionnaire de devenir propriétaire du sol simplement mis en valeur malgré l'inachèvement de la voie.

« En outre, la Commission estime que les questions techniques relatives à la construction de la plate-forme, ainsi qu'à l'établissement des ponts ou des bacs, auraient besoin de nouvelles études sur place, afin de mettre vos propositions plus complètement en harmonie avec la configuration et les besoins du pays.

« Les clauses relatives à l'exploitation devraient être également précisées, ainsi que les conditions dans lesquelles votre société sera constituée.

« Pour me permettre d'examiner utilement votre demande, je vous serais donc obligé de me faire parvenir un nouveau projet de contrat définissant nettement, d'une part, les territoires dont vous sollicitez la concession, et, d'autre part, l'instrument de transport que vous proposez en échange.

« Recevez, Monsieur, etc.

« Signé : DE LA PORTE. »

*<br>* *

En présence de l'acceptation du principe de l'affaire, d'un côté, et de l'autre des objections techniques, M. de Morès résolut aussitôt de se rendre au Tonkin pour étudier sur place les conditions de l'entreprise.

M. de Morès ne voulut pas s'en remettre à d'autres qu'à lui du soin de reconnaître le terrain, d'explorer le pays, et de dresser sur les lieux mêmes les grandes lignes de son affaire ; il voulut voir par ses yeux et juger de lui-même la valeur des objections et les bénéfices possibles. Accompagné d'un personnel spécial, qui était chargé d'étudier la partie technique, M. de Morès a reconnu le pays et tracé sur le terrain même les bases de son entreprise.

*
* *

M. de Morès partit de Paris accrédité officieusement, ainsi que le prouve la lettre suivante adressée aux agents diplomatiques et consulaires en Chine et au Tonkin :

MINISTÈRE            « Paris, le 13 octobre 1888.
DES AFFAIRES ÉTRANGÈRES

—

CABINET
DU MINISTRE

—

« Monsieur,

« Cette lettre vous sera présentée par M. le marquis de Morès, qui se rend dans le pays de votre résidence.

« Bien qu'en sa qualité de Français M. le marquis de Morès soit assuré de trouver près de vous un accueil favorable, je vous serais obligé de lui prêter, le cas échéant, vos bons offices dans la mesure de vos attributions.

« Recevez, etc.

« Pour le Ministre et par autorisation :

« *Le Chef du Cabinet et Secrétariat,*

« Signé : LÉON ROBERT. »

Avant de gagner le Tonkin, M. de Morès se rendait à Hong-Kong, le grand centre commercial de l'Extrême-Orient, pour en étudier le mécanisme sur place. Après quoi il faisait route pour Haïphong. Il y arrivait dans les premiers jours de décembre. M. de Morès s'abouchait immédiatement avec les personnalités civiles et militaires qui pouvaient s'intéresser à son projet, et il s'entourait aussitôt de tous les documents nouveaux qui pouvaient compléter les renseignements déjà recueillis.

Après avoir étudié tous les documents, tant anglais que français; après avoir vu M. Richaud, les Missionnaires de Saïgon, la Banque de l'Indo-Chine, l'agent des Messageries à Hong-Kong, les sommités commerciales, les Agents des douanes chinoises, le Père Lemonnier, procureur des Missions étrangères, et avoir mûrement réfléchi aux informations obtenues, M. de Morès arrêtait son projet en principe.

« Le chemin de fer, disait-il dans une communication datée de Bac-Ninh le 7 décembre 1888, devra partir de la mer à un point rapproché de la frontière de Chine, probablement Tien-Yen ou Hong-Gay et suivre la direction de cette frontière en longeant les vallées tributaires de la rivière de Canton, passant par Lang-Son, Cao-Bang, un point sur la Rivière Claire (Ayan, la porte du Yunnan), un point sur le haut Fleuve Rouge; de ce chemin de grande ceinture devront se détacher des rayons intérieurs allant soit aux centres miniers, soit suivant les vallées fertiles pour se raccorder aux points navigables; à l'extérieur se raccorderont les lignes de pénétration en Chine dans l'avenir.

« Les raisons sont les suivantes :

« Un chemin de fer doit avoir pour objet d'amener des marchandises d'un dépôt vers un débouché et doit essayer de passer par un pays facile et productif. Pour nous, le dépôt est la Chine (Yunnan et Quang-Si); le débouché, la mer. Il nous reste donc à chercher dans le Tonkin un tracé de transit facilement susceptible de drainer des passagers et des marchandises, sans entrer en concurrence avec les voies fluviales.

« Or, quelle est la formation géographique de la partie de la Chine qui nous intéresse, le commerce actuel de ces régions, sa direction, les conditions d'échange, les ressources et les besoins?

« La frontière tonkino-chinoise allant de l'ouest à l'est offre la forme suivante, en partant du Mékong : une suite de coupures à pic formant les lits de la Rivière Noire, du Papien, du Fleuve Rouge, avec les rivières à 1,200 pieds au-dessus du niveau de la mer, et le sommet des escarpements à 5,000 à 6,000 pieds d'élévation. A partir du Fleuve Rouge, allant vers l'est, les pentes diminuent, les affluents deviennent plus nombreux, et la Rivière Claire s'étend et se répand sur les plaines, de façon à ce que, au point d'intersection d'un de ses affluents avec la frontière du Yunnan, le sommet de l'escarpement est à 2,000 pieds et la rivière à 500.

« Il en résulte que le Yunnan et le Quang-Si sont situés sur deux hauts plateaux inclinés, le Yunnan de l'ouest à l'est, et le Quang-Si de l'est à l'ouest, se déversant commercialement et autrement à un point commun actuellement sur un affluent de la rivière de Canton, à Pesaï, et de là s'écoulant vers Canton et Hong-Kong, par Nanning-Fu, Lang-Tcheou et Pakhoï, en 54 jours, et à raison de 4 à 5 francs (2 à 3 schell.) par tonne kilométrique.

Le commerce actuel par Pakhoï, port voisin, dans le golfe du Tonkin, et que les Anglais ouvrent tant qu'ils peuvent, est de 9 millions de francs d'articles européens, cotonnades, etc., soldés en opium par le Yunnan et le Quang-Si, car le prix du frêt ne permet pas d'exporter autre chose.

« Derrière ces deux provinces est la province du Koueï-Tchou, et à elles trois elles comptent environ 60,000,000 d'habitants. Cette dernière province a pour débouchés Canton en 65 jours; Shangaï en 85 jours, avec des rivières navigables pour des barques une partie de l'année seulement et des transbordements constants.

« Un chemin de fer touchant la frontière de Chine et permettant d'atteindre Hong-Kong en 24 heures de chemin de fer et deux jours de mer, permettrait à ces provinces d'exporter leurs métaux, leurs céréales vers la Chine, *en passant par le Tonkin,* et d'acheter avec le produit des articles manufacturés au Tonkin et en France. Les objets français devront être des objets de luxe et de fantaisie, car pour les matières de première nécessité, il faut un bon marché que nous ne pourrions obtenir avec nos procédés actuels, et quant à la protection c'est la ruine du Tonkin ; c'est du transit d'argent et de marchandises qu'il faut ici, non de la protection et de la stagnation ; il ne faut pas étrangler la poule avant que l'œuf ne soit pondu. Voici notre objectif : *Le réservoir du Yunnan,* du *Quang-Si,* du *Koueï-Tchou, dont il faut dériver l'écoulement par le Tonkin.*

« Maintenant, la route. Etudions le Tonkin comme nous avons étudié la Chine.

« Géographiquement, le Tonkin est à cheval sur deux systèmes de rivières chinoises : le système du Fleuve Rouge se terminant au delta dans le golfe du Tonkin, à l'ouest. A l'est, la rivière de Lang-Son et la rivière de Cao-Bang, qui se jettent dans la rivière de Canton et se terminent en Chine. Nous avons la bouche du Fleuve Rouge qui prend sa source en Chine, et les sources d'affluents de la rivière de Canton. Le Fleuve Rouge, à l'ouest, prend sa source dans les hauts plateaux et coule en dehors et à l'ouest de la direction actuelle du commerce chinois. Cette direction a été déterminée par les facilités de communication et par les pentes. Le Fleuve Rouge coule entre des falaises escarpées et dont l'ascension au-dessus de Lao-Kay est un tour de force. La montée s'appelle les *dix mille escaliers ;* il n'y a rien à mettre en valeur sur la route traversée.

« Il faut donc aller vers l'est, où les plaines s'élargissent, où le *coton* et le *café* viennent bien, où il y a des mines, où il y a des forêts et où on pourra créer un transit local et donner de la valeur aux terrains traversés.

« L'Annamite est cultivateur de rizière, aquatique et non commerçant; il faut se rapprocher du Chinois commerçant et robuste pour faire du commerce et exploiter les hautes terres. Il importe de bien insister sur ce point. Nous ne sommes pas au Tonkin pour faire la guerre aux Chinois, mais tout au contraire pour faire du commerce avec eux.

« Reste un dernier point, le débouché. Le port, sur une côte entouré de falaises, est dans une région saine ; le personnel européen, qui devra être d'élite, pourra y vivre et s'y plaire, et les intérêts manufacturiers pourront s'y concentrer ; le port et la ville prendront de suite une valeur qui garantira les capitaux engagés dans la ligne et sera une taxe de crédit ; un mouvement important de cabotage s'établissant entre ce point et le *delta,* supprimera la piraterie sur les côtes ; un mouvement sérieux s'établira avec Hong-Kong ; le passage entre la côte et l'île de Haïnan est accessible aux plus grands navires ; il faut deux phares, et les plus grands paquebots pourront s'arrêter au Tonkin. De la côte à Lang-Son, il y a à vol d'oiseau, 120 kilomètres, par Tien-Yen, et deux vallées bout à bout. Le pays se compose d'une suite de mamelons, et je n'ai pas encore trouvé de difficultés de construction à flanc de coteau dans ce que j'ai parcouru jusqu'ici. Tous les transports de Lang-Son pour la guerre passeraient par là, et maintenant ils coûtent 9 francs la tonne kilométrique, et nos malheureux soldats meurent comme des mouches le long des routes (le nombre des coolies, des bœufs, des mulets ne se comptent pas, les coolies meurent par milliers).

« Le chemin de fer Tien-Yen ou Hong-Gay, Lang-Son, Cao-Bang, avec plus tard, un rayon par la vallée du Loch-Nam, sur les Sept-Pagodes, pacifiant la frontière, supprimerait les petits postes mortels pour les hommes et les officiers, pourrait diminuer de moitié le corps d'occupation et les dépenses, et ouvrirait à la culture la magnifique vallée du Loch-Nam, inculte maintenant et le repaire des pirates.

« Cette route peut être le salut du Tonkin, et son commencement rendrait courage aux braves gens qui tombent ici sans but et sans espoir. De plus, elle attirerait sur tout le parcours le commerce chinois le long de la frontière et créerait une frontière pacifique, car ce ne serait plus en un point qu'on prendrait le contact avec la Chine, mais sur une étendue, sans solution de continuité, de 300 kilomètres.

« Ce tracé longe des vallées, ouvre des pays neufs, entre autres la riche région minière et forestière de Cao-Bang où se trouvent du fer magnifique, des bois durs, de l'étain et du coton ; d'autre part, à Cao-Bang on est à proximité de Lang-Tcheou, ville chinoise d'une grande importance commerciale, sur la route de Canton. Enfin, la question du ravitaillement réglée, la piraterie disparaît, car au lieu d'éparpiller des petits postes mal ravitaillés et absolument démoralisés, de fortes garnisons bien rassemblées et disciplinées pourraient se porter vivement aux points menacés et frapper avec fruit. »

Voilà les projets. Ceux-ci étant ainsi conçus, M. de Morès en reprit immédiatement l'étude sur place.

*<br>* *

Il se rendit d'abord à Lang-Son par la route mandarine. C'était, comme c'est d'ailleurs aujourd'hui en raison de l'insuffisance des moyens de communication, une entreprise délicate. M. de Morès partait avec les deux titres administratifs qui suivent, destinés à surmonter autant que faire se pourrait les difficultés de l'opération.

D'abord cette communication de la Résidence générale.

RÉSIDENCE GÉNÉRALE
EN
ANNAM ET AU TONKIN

« Hanoï, le 17 décembre 1888.

« Monsieur,

« Le Résident supérieur me charge, aux termes d'un télégramme que je viens de recevoir, de vous informer qu'il a invité MM. les Résidents de France à Bac-Ninh, Lang-Son et Quang-Yen à vous aider et vous fournir les coolies dont vous aurez besoin, et dont le paiement sera entièrement à votre charge.

« Recevez, etc.

« *Le Sous-Chef du Cabinet,*
« Signé : ALCAN. »

En second lieu, cette lettre de l'autorité militaire :

TROUPES
DE
L'INDO-CHINE

ÉTAT-MAJOR

« Hanoï, le 17 décembre 1888.

« Monsieur,

« En réponse à votre lettre du 16 courant, j'ai l'honneur de vous informer que j'ai donné l'ordre de vous délivrer, à la Direction de l'artillerie, où vous aurez à les faire prendre, quatre carabines de cavalerie modèle 1874 et 30 cartouches par arme. Les munitions vous seront cédées à titre de remboursement et les armes à titre de prêt.

« J'ai également donné des instructions pour que vous puissiez toucher journellement dans les différents postes de votre itinéraire :
« 1° 3 rations de vivres remboursables ;
« 2° 8 rations de fourrages remboursables ;
et pour que vous puissiez faire usage du bac du Canal des Rapides.

« Prévoyant le cas où les munitions qui vous seront délivrées au moment de votre départ d'Hanoï viendraient à s'épuiser, j'ai invité M. le Général commandant la 2ᵉ brigade à vous en faire délivrer de nouvelles, à titre remboursable, sur un bon revêtu de votre signature, dans tel poste de votre circuit où vous aurez à en faire la demande.

« P. O. *Le Chef d'Etat-Major,*
« Signé : CRÉTIN. »

Outre ces deux pièces, M. de Morès était muni des recommandations précieuses de deux vénérables chefs des missions au Tonkin : Mgr Puginier, chef des Missions étrangères, et Mgr Velasco, chef des Missions espagnoles. Enfin, M. de Morès avait son courage personnel, sa volonté bien arrêtée, l'expérience des entreprises hasardeuses, et dans le cas spécial une conception très exacte des meilleurs moyens à employer pour réussir avec le Chinois.

C'est la caractéristique de l'entreprise de M. de Morès que celle-ci doit être faite en participation avec le Chinois et l'Annamite. Cette idée qui domine toute son œuvre, M. de Morès a eu grand soin de ne pas l'abandonner dans la partie pratique, où elle devait lui être d'un secours particulier. Il a associé l'élément indigène à son affaire dès le principe. Avant de se mettre en route pour Lang-Son, que fait-il en effet? Nous citons textuellement un extrait d'une conférence faite à la Société de Géographie :

« Pour arriver à la frontière de Chine, foyer de piraterie et de contrebande, je me suis adressé, dit M. de Morès, à la Congrégation des Cantonnais : les Chinois ne sont jamais des individualités; ils font tous partie d'une association qui a partout des représentants. J'ai dit au chef de la Congrégation : Je ne suis ni un soldat, ni un percepteur; je viens faire des routes, les routes vous attireront du commerce, pouvez-vous m'aider à passer? Le lendemain, il me donna dix hommes et me répondit : Vous pouvez compter sur eux. »

Et en effet aucun incident ne survint durant cette première partie du voyage, malgré les troubles de la région. M. de Morès arrive à Lang-Son le 25 décembre. Nous citons encore un extrait de sa conférence :

« Nous arrivons à Lang-Son le jour de Noël. Nous y trouvons de bons camarades de Saint-Cyr qui nous firent assister à un réveillon à 4,000 lieues de France. Ils nous donnent aussi des renseignements dont le plus curieux est celui-ci : le ravitaillement des postes est fait par des réguliers chinois, au nombre de 2,000. Cela prouve que les Chinois ne désirent pas nous faire la guerre, mais gagner de l'argent. A peine étais-je depuis quelque temps dans le pays, qu'on vint me trouver et m'offrir 9,000 hommes pour nos constructions. La colonisation du Tonkin ne se fera pas à coups de fusil, mais par des travaux publics. Il faut y coloniser et y dépenser un peu d'argent productif. »

De Lang-Son, M. de Morès remonte vers le nord pour reconnaître le Song-Ki-Kung ; il parvient bientôt à l'entrée de cette rivière en Chine.

« A cet endroit, dit M. de Morès, la rivière est navigable et a 250 mètres de large. Nous avions trouvé ce que nous voulions, un confluent navigable de la rivière de Canton ; c'est-à-dire que nous étions en communication avec plusieurs milliers de kilomètres de rivière, et par conséquent de voies commerciales. Nous remontons un peu plus au nord pour voir si une communication facile pouvait être obtenue avec la rivière de Cao-Bang, et nous nous assurons qu'il n'y avait pas de grandes difficultés de construction. »

En même temps qu'il reconnaissait le pays au point de vue topographique, M. de Morès l'étudiait aussi au point de vue économique. Comme ressources, il trouvait, sur les hauteurs, du colza, du maïs, du blé noir et des châtaigniers, par conséquent un climat tempéré, des montagnes de 1,000 à 1,200 mètres.

« Dans les vallées, dit M. de Morès, nous avons trouvé le tabac, la canne à sucre, l'indigo, la soie ; tout cela, il est vrai, en petites quantités, car il ne règne aucune sécurité ; mais ces cultures prouvent que, dans l'avenir, on peut avoir dans ces pays des cultures riches et du bien-être. Nous y avons rencontré aussi des bois de grande valeur. Le Tonkin est, en effet, un des pays les plus riches en bois. Les missionnaires ont fait une collection de plus de trois cents essences de bois dur, qui figurent à l'Exposition.

« De Bi-Nhi, nous sommes allés à That-Ké, où nous avons trouvé 100,000 quintaux de riz qui pourrissaient, faute de débouchés. A cet endroit, existent de grandes manufactures de soie, et l'indigo y existe aussi en quantité suffisante.

« De That-Ké, nous sommes revenus à Lang-Son et nous avons traversé, pour revenir vers la mer, le pays entre Lang-Son et Tien-Yen, c'est-à-dire 180 kilomètres. Cette région est occupée par les Muongs, race aborigène. Ces Muongs se sont trouvés pris entre les Chinois et les Tonkinois et se sont réfugiés dans les montagnes. Vers les provinces méridionales de la Chine, il y a près de 4 millions de Muongs non-soumis, mais qui considèrent les

Français comme leurs alliés naturels, à tel point qu'ils se tiennent prêts à nous rendre tous les services possibles. Pour mon compte, je n'ai eu qu'à me louer d'eux. Pour le transport de nos bagages, nous nous sommes adressés aux pirates qui nous ont fourni des porteurs au moyen desquels nous sommes allés en six jours de Lang-Son à Tien-Yen. »

*<br>* *

Voilà dans ses grandes lignes le voyage d'exploration. Maintenant entrerons-nous dans le détail des faits? Montrerons-nous M. de Morès à l'œuvre, faisant ces 180 kilomètres de frontière tonkino-chinoise, reconnaissant le terrain, dressant des plans, faisant des rayonnements en tous sens, au milieu de populations suspectes, sans le moindre incident? Pourquoi cette immunité? Tout simplement parce que M. de Morès ne s'est pas un instant départi de son principe, qui est d'associer les Annamites et les Chinois à son œuvre. M. de Morès signalait — et nous l'avons reproduit plus haut — un fait bien typique à cet égard : le concours des pirates. Cependant c'est ainsi que cela se passera toujours ; il y aura des pirates jusqu'au jour où nous prendrons ceux-ci à notre solde, sous une forme ou sous une autre. Et la meilleure est encore de les utiliser pour les travaux publics. Lorsque des milliers d'hommes, suffisamment rétribués, seront échelonnés dans les chantiers établis le long de la frontière, on peut, sans crainte de se tromper, affirmer que la piraterie deviendra impossible. C'est que la pacification définitive aura fait un grand pas. Chinois, Annamites et Français seront tellement liés par des relations continuelles amenées par les travaux et l'exploitation de la ligne, que moralement la frontière sera reculée.

Maintenant, comment se présentent ces travaux? Dans les meilleures conditions, répond M. de Morès. De Lang-Son à Tien-Yen, en effet, les explorateurs n'ont pas rencontré de difficultés sérieuses. La route passe au pied du Mau-Son, massif montagneux, d'une altitude de 1,200 mètres, admirablement situé, et qui d'après l'opinion de M. de Morès est destiné à devenir le sanatorium du Tonkin : en effet, de Tien-Yen, où l'on peut se rendre en chaloupe, il y aura à peine deux heures de chemin de fer pour atteindre la montagne, d'une ascension facile, permettant d'établir au sommet ou à mi-côte des habitations où, pendant les chaleurs de l'été, les personnes fatiguées trouveront un air vivifiant et pur dans les sites les plus pittoresques qu'on puisse rêver.

Deux passages seulement sont difficiles, le col du Deo-Co et la haute rivière du Song-Phu-Cu, mais qui cependant ne nécessiteront pas de travaux très onéreux pour le passage de la future ligne.

Dans cette contrée, on rencontre beaucoup de rizières abandonnées et de grandes forêts de bambous. En résumé, le passage, ainsi qu'il résulte des études, plans et projets, est facile; de plus, le pays offre de grandes ressources commerciales et agricoles ; c'est un pays d'avenir. Le climat est tempéré et, en certaines saisons, rappelle tout à fait celui de la France.

Aussitôt après cette exploration, M. de Morès remontait à Hanoï, où il se mettait en rapport avec M. Richaud, résident général. M. Richaud se mit à l'entière disposition de M. de Morès pour la question des études techniques. Avec un empressement parfait, le résident général prêta deux ingénieurs, MM. Bourguet et Voignier, pour aider aux travaux sur le terrain; ceux-ci constataient la facilité absolue de la réalisation des plans.

Nous en citerons un exemple, qui est typique. Du 28 janvier au 6 février, M. de Morès visitait sur place les travaux avec M. Lion, ingénieur de l'administration; à son retour à Hanoï, M. Lion constatait que l'entreprise de M. de Morès était une belle œuvre, et il le félicitait de l'avoir engagée à ses risques et périls, sans même avoir une concession. A ce moment, il y avait environ 250 hommes et 4 Européens sur les chantiers, et la dépense journalière s'élevait à un millier de francs. Bien plus — et ceci prouve combien l'entreprise était bien conçue et que l'esprit de décision présidait à la direction — des pourparlers étaient engagés avec des bandes de la frontière, parmi lesquelles les travailleurs étaient recrutés. Si l'on ajoute qu'on trouvait sur place le ballast et autres matériaux nécessaires à la construction d'un chemin de fer, on voit que tout était prêt et qu'il n'y avait plus qu'à marcher de l'avant.

A quels résultats ne serait-on pas arrivé aujourd'hui, si l'administration avait compris les avantages d'une œuvre aussi pratique et préparée dans les conditions que nous avons exposées? Les bandes étaient disposées à faire les terrassements l'été dernier, l'entreprise serait en voie d'achèvement, quant à la suite d'une dépêche.

envoyée de Paris sous l'influence d'intérêts personnels, l'affaire fut enlevée à M. Richaud. C'était la pénétration en Chine indéfiniment retardée, les intérêts réels du commerce français et ceux du Tonkin gravement compromis, et la pacification sacrifiée une fois de plus. Que se passe-t-il en effet; M. de Morès abandonne ses pourparlers avec les bandes de la frontière, les travailleurs chôment, et aussitôt les pirates apparaissent. Le jour même du départ de M. de Morès, les hommes qui travaillaient pour lui attaquaient les Muongs d'escorte s'en retournant à Lang-Son.

De retour à Hanoï, le 7 février, M. de Morès se mettait en rapport avec le service des travaux publics pour la rédaction d'un projet de traité.

Le projet devait être soumis à la Commission des travaux publics ainsi composée : M. Le Bourgeois, commandant de la marine; M. le commandant de la Bastide, de l'état-major; M. de Pincé, résident; M. Guillaumot, trésorier-payeur; M. Lion, ingénieur en chef des ponts et chaussées, rapporteur de la Commission.

Au moment où la Commission allait délibérer sur son projet de traité, M. de Morès recevait la lettre suivante :

« Hanoï, le 14 février 1889.

« Monsieur,

« J'ai reçu hier notification de votre projet de convention, qui doit être examiné en Commission aujourd'hui, et je vous serais infiniment obligé de vouloir bien me faire connaître vos intentions sur les deux points suivants :

« Accepteriez-vous, dans le cas où vous constitueriez une société par actions, qu'une portion à déterminer, un vingtième, par exemple, de la souscription, soit réservée au Tonkin pour intéresser les habitants de la colonie à la réussite de l'entreprise ?

« Enfin, par exemption de tout impôt sur la part à créer et les terrains qui vous seront concédés, entendez-vous seulement l'exemption des impôts annamites actuellement perçus par les mandarins des douanes, et des contributions directes, foncières et patentes, ou bien le Protectorat renoncerait-il dès votre prise de possession aux capitations sur les asiatiques étrangers (dans le port à créer), à l'exercice des fermes déjà concédées et des régies qui pourront leur succéder, et aux contributions directes, ce qui pourrait nous mener loin, ces dernières embrassant les droits de chancellerie, d'enregistrement, d'hypothèques, taxes postales et télégraphiques, frais d'actes, frais judiciaires de toutes sortes, licences de débitants, etc., etc.

« Je crois que le traité, sur ce point et sur tous les autres, demandera à être précisé pour éviter toutes difficultés ultérieures, et j'ai l'honneur de vous prier de vouloir bien me faire connaître votre manière de voir avant la réunion de la Commission.

« Veuillez agréer, etc.

« Signé : GUILLAUMOT. »

A cela, M. de Morès répondait immédiatement :

« Hanoï, le 14 février 1889.

« Monsieur le Trésorier-Payeur,

« Je me hâte de répondre à votre lettre de ce jour pour la première question. Réservez au Tonkin le *quantum* que vous jugerez opportun. Ma seule crainte est que vous ne trouviez personne pour le souscrire, auquel cas, bien entendu, il serait couvert par les autres excédents. Quant à votre seconde question, qui est la plus importante, ma réponse ne peut faire aucun doute.

« Il s'agit pour le Protectorat et pour moi à *égalité d'avantages*, mais intégralement par mes ressources pécuniaires, de créer de toutes pièces une voie ferrée, un port et une ville dans une région dépeuplée et troublée, entrant en efficace et immédiate concurrence surtout avec Pakhoï et Hong-Kong, et cela malgré les désavantages du traité de commerce. Il faut donc absolument pour le Protectorat comme pour les capitaux engagés que l'exemption d'impôts soit entière. Néanmoins, j'admets les taxes postales et télégraphiques ; j'irai même, mais comme ultime concession, à admettre les frais judiciaires ; hors ces trois perceptions, je défendrai les intérêts du Protectorat et de mon entreprise, en me refusant de la façon la plus nette à toute autre taxation dans l'enceinte réservée, le Protectorat reprenant tous ses droits sur le périmètre extérieur.

« Veuillez agréer, etc.

« Signé : Marquis DE MORÈS. »

La question était nettement posée. Pour le Protectorat, il y avait un intérêt considérable à la résoudre rapidement ; en dehors, en effet, des avantages immenses que le projet de M. de Morès permettait de réaliser au point de vue général ; en ce qui touchait l'administration, l'établissement rapide d'une voie ferrée entraînait immédiatement la suppression des difficultés et des frais immenses résultant de l'opération du ravitaillement du Haut-Tonkin.

On sait combien le ravitaillement opéré dans des conditions déplorables est lourd aux finances du Tonkin et préjudiciable à la santé des hommes. La presse a signalé, à ce sujet, il y a peu de temps, ce fait incroyable que l'approvisionnement de Lang-Son coûte, en seuls frais de transports, la somme de 1,600,000 francs.

Et pour ce prix-là que transporte-t-on? Voici le détail, d'après une note du service des vivres et du transport du transit de Tien-Yen à Lang-Son et de Tien-Yen à Hanoï :

### Transports de Haïphong à Lang-Son.

En 1888 et 1889 (du mois d'octobre au 31 janvier), il a été transporté à Lang-Son 800 tonnes de matériel et de vivres.

C'est la quantité minimum que l'on peut prévoir chaque année si les moyens de transport restent les mêmes, et encore augmentera-t-elle forcément à cause de l'envoi du matériel de couchage que l'on sera obligé de faire, et du matériel d'artillerie qui peut être à remplacer ou à compléter : on peut hardiment accuser pour Lang-Son et sa région : 1,000 tonnes.

### Transport de Haïphong à Hanoï.

Le mouvement des vivres et du matériel pour l'année 1888 a été de 3,340 tonnes pour les vivres et de 900 tonnes pour le matériel.

Les vivres transportés représentent les besoins des postes des régions de Hanoï, Sontay, Haut Fleuve Rouge, Rivière Noire et Rivière Claire. Leur tonnage ne peut diminuer si tous les postes sont maintenus, les effectifs étant réduits au strict nécessaire.

Pour le tonnage du matériel, il ne peut qu'augmenter, car en 1888 il n'a pas été exécuté de travaux. Si, comme en 1886 et 1887, on entreprenait des constructions, le mouvement du matériel monterait facilement à 3,000 tonnes.

### Transports de Hanoï à Haïphong.

En 1888, il y a eu un mouvement de matériel entre Hanoï et Haïphong de 1,400 tonnes.

Ainsi, sans travaux, sans mouvement appréciable, les seuls transports pour les besoins des troupes, qui représentent un chiffre de tonnage infime, coûte 1,600,000 francs. Et tout ce que l'administration a pu faire, c'est d'abaisser ce coût énorme de 600,000 francs. Dans le projet de chemin de fer de Phu-Lang-Thuong à Lang-Son, l'administration demande pour le transport la somme considérable de 1 million, quand d'après les tarifs ordinaires c'est une affaire de 100,000 francs au grand maximum. Encore, si pour ces prix fantastiques les ravitaillements étaient complets, si l'on pouvait arguer que l'on donne, pour ces sommes qui obèrent si lourdement les finances publiques, tout le nécessaire à nos soldats ; mais c'est là aussi un argument qu'on ne peut pas faire valoir, car dans l'état actuel des choses, les hommes n'ont même pas d'huile et de vinaigre pour leur salade. Bien mieux, l'indispensable leur manque. M. de Morès a vu des garnisons dont le dénuement était absolu.

Dans ces conditions, on comprend comment tout homme soucieux des intérêts de la défense du pays, tout administrateur digne de ce nom, tout patriote, tout Français, se soit intéressé au projet de M. de Morès, qui a pour effet de remédier dans les plus brefs délais aux insuffisances désastreuses des moyens actuels. Il y va, en effet, nous le répétons, du bon renom de la France, de sa gloire, de ses intérêts, des intérêts de son armée, de son commerce, et aussi, car il ne faut pas oublier que si elle a des droits en Extrême-Orient, elle a aussi des devoirs, des intérêts des peuples conquis et protégés de l'Annam et du Tonkin. M. Richaud avait compris tout cela ; c'est pourquoi, connaissant d'une part les nécessités politiques et administratives qui exigent impérieusement qu'on agisse vite, d'un autre côté frappé des avantages que présentait le projet de M. de Morès, le gouverneur général approuvait-il l'entreprise.

*<br>* *

Le projet soumis à la Commission administrative fut examiné. Après discussion, une différence de vues s'éleva sur les clauses de déchéance.

A ce sujet, M. de Morès adresse à M. Richaud la lettre explicative qui suit :

« Hanoï, le 20 février 1889.

« Monsieur le Gouverneur-Général,

« J'ai l'honneur de vous rendre compte qu'après avoir étudié attentivement le projet modifié par la Commission, il en ressort que chaque concession est annulée par un paragraphe postérieur. Tout en reconnaissant la lourde responsabilité imposée à MM. les Membres de la Commission et en les remerciant de la façon dont ils ont rempli leur mission à mon égard, je crois devoir faire ressortir, en quelques mots, l'entreprise qui vous est proposée, et la nécessité d'écarter toute incertitude à ses débuts.

« Il s'agit de créer au Tonkin un premier réseau, *non garanti*, de 600 kilomètres, un port de commerce, une ville, de dériver par le Tonkin le trafic chinois, malgré un traité défectueux, et d'amener le long de la ligne, dans une contrée déserte et hostile, des populations et des affaires pour protéger la voie et amener du fret. De plus, dans une période de dix ans, fournir à 4 1/2 pour % 50 millions pour la construction de 500 kilomètres de voies ferrées à votre choix. C'est 150 millions de francs qu'il faut apporter au Tonkin. Mieux que personne vous connaissez les difficultés que l'on rencontre ici. Une pareille entreprise ne peut se faire que par échelons, et après la réussite du début.

« Personne, à l'heure actuelle, ne prendra de gros engagements ici, mais autour de la première affaire bien entreprise, se grouperont tous les efforts. Un élément d'incertitude dans les conditions du contrat rendrait ce début impossible.

« Je crois utile de dégager l'affaire et les moyens d'exécution sur lesquels je compte, des complications de la convention.

« Pour bâtir une maison, il faut une fondation solide, des matériaux, de l'espace. De même pour une affaire.

« Comme fondation dans celle-ci, il faut des terrains sur la côte, dans des conditions telles que les hommes et les marchandises puissent y aborder sans vexations ni retards inutiles ; des conditions de viabilité et de croissance assurées à cette agglomération pendant un temps donné ; la faculté d'assurer un *modus vivendi* privilégié à des populations afin de les attirer le long de la ligne dans des contrées désertes et dangereuses ; les attacher à la ligne en faisant dépendre leur bien-être de son existence et de pouvoir tenir, dans l'avenir, les engagements pris vis-à-vis d'elles. La concession de terrains le long de la ligne n'est pas une ressource pour la Compagnie ; elle occasionnera un accroissement de capital nécessaire pour la mise en valeur, mais servira à attirer et retenir les populations et à créer du fret.

« Il est donc naturel que les terrains et les populations soient exemptés de l'impôt foncier et de capitation et de l'établissement de fermes (autres que celles de l'opium) pouvant amener des conflits.

« La province de Lang-Son et celle de Cao-Bang payent 130,000 francs d'impôts environ, avec une population de 120,000 habitants ; il y a donc peu à perdre et peut-être beaucoup à gagner dans un changement de régime dans ces régions.

« Je ne puis donc accepter les modifications apportées aux articles 1, 6, 8, 9 et 11, pour les raisons expliquées plus loin ; en particulier, je ne puis accepter les articles 18 et 19 pour les raisons suivantes. Ces articles détruiraient d'avance le crédit de l'affaire. Le directeur de la Banque de l'Indo-Chine ou tout homme d'affaires vous dira qu'une avance quelconque est impossible sur une pareille garantie.

« En effet, on demande au concessionnaire de construire 150 kil. de chemins de fer, de les équiper et de les exploiter (15,000,000 de capital et 1,100,000 de frais d'exploitation, non couverts au début), et tout cela non-seulement sans rémunération, mais sous le coup d'une perte totale dépendant de la construction d'un port dont l'emplacement n'est pas décidé et dont la nature des travaux est inconnue.

« Que va-t-il se passer dans la réalité ?

« A notre arrivée à Tien-Yen, les appontements nécessaires seront construits pour le débarquement de notre matériel arrivant

de France sur nos affretés. Notre premier soin sera d'établir à
proximité nos ateliers de construction et de montage; nos dessina-
teurs, les casernements et le commissariat. En même temps com-
menceront les études du port avec un matériel spécial; il est de
notre intérêt que le port soit où nous arrivons, afin que nos dépenses
soient définitives. Il y a actuellement cinq hypothèses de port, et le
choix ne doit être fait qu'à bon escient. Il se peut que les deux
lignes Tien-Yen-Lang-Song et Tien-Yen-Hanoï soient finies avant
le port, et vous voulez que ces travaux marchent avec une pareille
cause de nullité ? Dans cette affaire-ci, il faudra pouvoir regarder
en avant et être sûr que l'on marche sur du terrain solide. L'intérêt
du concessionnaire est que le port soit décidé rapidement et à son
point d'arrivée, afin de pouvoir créer des plus-values et d'en profiter.

« En affaire, un contrat n'est bien que lorsque les parties con-
tractantes sont liées par l'intérêt commun. On n'obtient ni capitaux
ni bonne volonté par des clauses draconiennes, mais par des
avantages.

« J'ai l'honneur de vous soumettre une proposition dans des
termes que j'espère pouvoir exécuter.

« Veuillez agréer, etc.

« Signé : MORÈS. »

Après ces explications, la discussion dura encore quelques jours,
puis finalement M. Richaud approuva le projet de contrat. Le
rapport favorable du gouverneur-général quittait Saïgon le 4 mars;
le gouvernement le recevait un mois après. Depuis ce temps,
M. de Morès n'en a plus entendu parler.

Voici quel est le texte de ce projet de traité soumis actuellement
à l'examen du Gouvernement :

### ARTICLE PREMIER.

S. M. LE ROI D'ANNAM, sous l'autorité et avec le consentement
du PROTECTORAT DE LA RÉPUBLIQUE FRANÇAISE EN ANNAM ET AU
TONKIN, représenté par M. RICHAUD, gouverneur-général de l'Indo-
Chine, et par M. RHEINART, Résident-général en Annam et au
Tonkin ;

Concède

A M. ANTOINE MANCA DE VALLOMBROSA, MARQUIS DE MORÈS,
Officier de réserve au 22ᵉ régiment de dragons, propriétaire,
domicilié, 5, rue de Tilsitt, à Paris,

Qui accepte,

Pour une période de quatre-vingt-dix-neuf ans, les chemins de fer ci-après désignés, à établir au Tonkin, savoir :

1° Une ligne reliant la côte dans la région de Tien-Yen à la frontière du Quang-Si et passant par Lang-Son ;

2° Une ligne reliant la région de Tien-Yen à la frontière chinoise et longeant le Song-Tien-Yen ;

3° Une ligne reliant la région de Tien-Yen à Hanoï, longeant le littoral et passant par Quang-Yen, Dong-Tien et les Sept-Pagodes ;

4° Une ligne des Sept-Pagodes à la frontière du Yunnan, par Thaï-Nguyen et les lacs Ba-Bé ;

5° Une ligne allant des lacs Ba-Bé à Cao-Bang et à la frontière du Quang-Si ;

6° Une ligne allant de Lang-Son à la frontière du Quang-Si au nord de la rivière de Cao-Bang.

## ARTICLE 2.

M. de Morès s'engage à former, dans un délai de dix mois, après la signature de la présente convention, une Société qui lui sera substituée dans tous les droits et obligations résultant de la concession. La Société sera constituée selon la loi française et soumise à cette loi.

Le Conseil d'administration sera composé pour les deux tiers, au moins, de membres français, si la Société est anonyme, ou, si elle est en nom collectif, tous les associés seront Français.

Elle aura son siège social à Paris.

Le capital-actions sera de cinq millions de francs au moins, au moment de la constitution de la Société. Il devra être effectivement versé, sans qu'il puisse être tenu compte des actions libérées ou à libérer autrement qu'en argent.

## ARTICLE 3.

La Société ainsi constituée aura le droit de concéder la construction des chemins de fer, leur exploitation et celle des concessions dont il va être parlé aux articles suivants, à des Sociétés spéciales françaises ; mais elle restera responsable vis-à-vis du Protectorat de l'exécution intégrale du présent Traité.

La construction et l'exploitation du chemin de fer ne pourront faire l'objet que d'une seule et même Société.

La même restriction s'appliquera à la construction et à l'exploitation du port prévu par l'article 9.

## ARTICLE 4.

Le concessionnaire s'engage à livrer à l'exploitation, avant le 1er mai 1892, deux cents kilomètres de voies ferrées, dont un minimum de cinquante avant le 1er mai 1891 et à partir du 1er mai 1892 une moyenne de cent kilomètres par an jusqu'à l'achèvement du réseau.

(A cause de la saison des pluies, l'année de travail partira du 1er mai).

## ARTICLE 5.

Toutefois, un délai supplémentaire de deux ans pourra être accordé si, après les études définitives, on reconnaît l'absolue nécessité d'exécuter des ouvrages d'art présentant des difficultés spéciales.

## ARTICLE 6.

Les travaux ne pourront être commencés que lorsque les emplacements, tracés et projets de détail auront été approuvés par le Protectorat, les services techniques compétents entendus. Le temps pendant lequel le Protectorat étudiera un projet sera suspensif des délais relatifs audit projet, imposés au concessionnaire, pour son exécution, et pour toutes les obligations qui s'y rattachent, sans que ce délai puisse toutefois dépasser trois mois à compter du jour de la remise dudit projet au Protectorat. Mais le concessionnaire est autorisé dès maintenant à franchir le Fleuve Rouge en face de Hanoï, et la rivière des Sept-Pagodes, au moyen de bacs à vapeur (1).

## ARTICLE 7.

Le Protectorat n'aura pas le droit, pendant la durée de la concession, de construire ou faire construire des voies ferrées, sauf dans les conditions indiquées à l'article suivant, dans la portion du territoire comprise entre la limite passant par Haïphong, la

---

(1) Actuellement il serait impossible, par suite du rappel de la mission, de laisser subsister cet article. Les études devront être faites au fur et à mesure que les travaux seront entrepris.

route des Messageries fluviales jusqu'au Fleuve Rouge, et le Fleuve Rouge jusqu'à Laokay, en passant par Hanoï et lo développement des frontières de la Chine.

### ARTICLE 8.

De son côté, M. de Morès s'engage à construire et à exploiter, dans un délai de trois ans, après notification qui lui en sera faite, toute ligne comprise dans le périmètre ci-dessus défini, jusqu'à concurrence de 500 kilomètres, moyennant une garantie de 6 %, amortissement compris, sur le montant du compte de premier établissement, plus la différence entre les recettes brutes et les frais d'exploitation si les premiers étaient inférieurs aux seconds, et à raison de 100 kilomètres par an ou à rendre au Protectorat toute liberté d'action pour l'exécution de la dite ligne.

Mais si une ligne devant relier directement Hanoï à Tourane en Annam était concédée ou mise en adjudication, M. de Morès aura le droit d'en revendiquer la concession dans les conditions analogues à celles souscrites au premier concessionnaire ou à celles qui résulteraient de l'adjudication.

### ARTICLE 8 BIS.

Les lignes, jusqu'à concurrence d'une longueur de 10 kilomètres, qui serviraient à relier deux des ports, au choix du protectorat, parmi ceux qui pourraient être construits entre Tien-Yen et Quang-Yen y compris Quang-Yen, en dehors de celui prévu par la présente convention, devront être construites dans le délai d'un an sans garantie d'intérêt, mais le Protectorat devra livrer les terrains nécessaires à ces lignes.

Si les dépenses pour la construction de ces 10 kilomètres et la fourniture du matériel roulant dépassent 1 million, le surplus sera payé par le Protectorat.

Le Protectorat pourra demander la construction Lang-Son-Sept Pagodes en accordant une augmentation dans les délais.

### ARTICLE 9.

En compensation des sacrifices faits par M. de Morès pour l'exécution du réseau ferré indiqué à l'article 5, le Protectorat lui accorde les concessions et privilèges suivants :

I. Les terrains dépendant de la ligne de Tien-Yen à la frontière du Quang-Si, et de la ligne de Tien-Yen à la frontière du Quang-Tong, pourront être choisis de la façon suivante :

La ligne du chemin de fer étant partagée en sections alternées de 8 kilomètres et numérotées de I à X, les sections paires d'un côté de la ligne et les sections impaires de l'autre côté, seront réservées au concessionnaire. d'après les nécessités du tracé : les sections impaires seront choisies soit à gauche, soit à droite de la voie.

Si la ville et le port sont choisis au point de débarquement originel, le concessionnaire pourra faire rentrer la première section dans la zone privilégiée, ainsi que les constructions qu'il y aurait fait construire.

Les lots devront être de la contenance de 1,600 hectares et affecter la forme de rectangles mesurant soit 4,000 mètres $\times$ 8,000 mètres, soit 2,000 $\times$ 1,600 mètres, mais dans les limites réservées au concessionnaire, ou encore dans une zone de 25 kilomètres à gauche de l'axe de la voie par lots rectangulaires et d'une contenance minimum de 400 hectares avec un petit côté de 250 mètres, et d'une maximum de 10,000 hectares avec un côté minimum de 2,000 mètres.

Ces terrains devront être choisis un an après le dépôt du tracé et désigné par des repères. Les terrains en culture au moment de la signature de la convention qui se trouveraient enclavés dans ces lots seront réservés et déduits, et libre accès leur sera assuré.

*Villes.* A l'emplacement choisi pour la ville et le port, entrepôt à Kilua, au point de contact de la ligne et du Song-Ki-Kung, au point de contact avec la frontière du Quang-Si et dans les points géographiques où une agglomération importante s'imposerait, un espace de 20,000 hectares dans le premier cas et de 1,000 dans les autres serait réservé : un plan fait de 50 0/0 des lots alternés réservés au Protectorat dans des conditions analogues à celles définies pour les terrains de la ville entrepôt.

Les habitants actuels seraient indemnisés d'après la loi annamite par des terrains analogues dans la ville à créer et ses environs, c'est-à-dire échange de terrains d'habitation pour d'autres terrains d'habitation et de terrains agricoles pour d'autres terrains agricoles, par les soins de l'autorité annamite, sous le contrôle du Protectorat.

II. Ligne des Sept-Pagodes. Rive droite du Tai-Binh à Hanoï, rive gauche du Fleuve Rouge.

100 hectares ayant accès sur le fleuve seront réservés aux deux extrémités de la ligne pour les facilités terminales du chemin de fer; 20 hectares seront réservés pour chaque gare, ainsi qu'un espace de 100 mètres de chaque côté de l'axe de la voie pour éviter les accidents et aussi pour la construction des annexes agricoles.

Etant donné la densité de la population dans cette région, l'indemnité territoriale sera choisie dans une zone de 25 kilomètres à droite et de 25 kilomètres à gauche de l'axe de la voie dans les terrains inoccupés, mais ces terrains devront avoir au moins deux accès à la voie sur une largeur de 2 kilomètres.

Si il y avait impossibilité de trouver ces terrains dans cette zône sans inconvénients graves, ils pourraient être remplacés par une quantité double sur une autre ligne au choix du concessionnaire, mais choisis d'après les règles établies, appliquées aux autres terrains.

III. Pour le mode de réseau, les mêmes dispositions, quant au choix, seront suivies que pour la ligne n° 1, mais avec les modifications suivantes quant aux dimensions : Les espaces alternés seront de 4,000 mètres et les dimensions des rectangles $1,000 \times 4,000$ et $2,000 \times 2,000$, représentant des superficies de 400 hectares.

*Villes.* Des emplacements de 1,000 hectares seront réservés dans des conditions analogues à celles mentionnées plus haut.

Aux Sept-Pagodes, à l'embranchement des lacs Ba-Bé et aux points de contact avec la frontière du Yunnan et du Quang-Si, pour l'établissement de villes analogues à celles mentionnées plus haut.

*Impôts.* Les terrains et les populations dépendant des lignes Tien-Yen-Quang-Si, Tien-Yen-Quang-Tong seront exempts pendant vingt ans, à partir de la concession effective, des impôts directs et personnels, et à l'exception de l'opium, il ne pourra être établi de fermes sur les impôts qu'ils cultiveront.

Les terrains dépendant de la ligne Sept-Pagodes-Hanoï seront exemptés d'impôt foncier; les populations seront sous le droit commun.

Les terrains et les populations des autres lignes seront exempts des impôts fonciers et de capitation, et, à l'exception de l'opium, on ne pourra soumettre à des fermes les produits qu'ils cultiveront.

### ARTICLE 10.

Le concessionnaire pourra établir dans ce port des droits, tels que droits de phare, d'ancrage, de quai, de pilotage, etc., etc., mais les tarifs devront être approuvés par le Protectorat.

Les navires de l'Etat français et du Protectorat, ainsi que les navires de guerre étrangers, ne seront astreints à aucun de ces droits, sauf au paiement des frais d'embarquement, de manutention et d'entrepôt, quand il aura été fait usage des apparaux ou bâtiments du concessionnaire.

Les navires de commerce naviguant sous pavillon français ne seront soumis qu'à la moitié des droits de port mentionnés plus haut.

### ARTICLE 11.

Le Protectorat se réserve le droit d'étendre cette zône réservée de 10,000 hectares à 20,000 hectares, cet excédent de 10,000 hectares restant sa propriété et le partage avec le concessionnaire se faisant de manière que le lot du Protectorat borde la ligne des bas fonds de la concession totale sur la moitié de leur développement.

Le plan du port et de la ville comprenant les emplacements nécessaires pour les services publics et pour les besoins de la marine de l'Etat.

Le Protectorat se réserve également le droit dans le port, de construire et d'affecter à l'usage des services publics, un kilomètre de longueur de quai où les navires calant 8 mètres pourront accoster à la marée. Mais l'emplacement devra être choisi de manière à ne porter aucune gêne ni aucune entrave à l'exploitation commerciale de l'ensemble du port.

### ARTICLE 12.

Les navires ayant un tirant d'eau de 6 mètres devront pouvoir entrer à toute heure dans le port et accoster aux appontements, et les navires ayant un tirant d'eau de 8 mètres aux heures de marée seulement.

## ARTICLE 13.

Les négociants ou industriels établis dans l'Indo-Chine française au moment de l'approbation de la présente convention, auront droit, sur leur demande, à une cession gratuite de terrains, qui deviendra définitive après deux années, s'ils ont établi des succursales à leur commerce ou à leur industrie.

Les terrains ainsi abandonnés et dont la superficie totale ne dépassera pas 1,000 hectares seront choisis par les postulants dans les zônes désignés comme disponibles, pour cette affectation.

## ARTICLE 14.

A partir de l'année 1910, toutes les fois que les recettes brutes du réseau ferré dépasseront la somme définie plus bas et nécessaire pour faire le service des intérêts du capital de premier établissement, amortir ce capital et payer les frais d'exploitation, la moitié des excédents sera attribué au Protectorat en compensation des avantages qu'il accorde à M. de Morès par la présente convention.

Le capital de premier établissement est évalué en moyenne à 100,000 francs par kilomètre de ligne ouverte à l'exploitation et pourvue d'un matériel roulant suffisant ; pour ce capital, on doit fixer un intérêt de 12 %, taux légal dans le Protectorat.

L'amortissement devant se faire en trente ans, à 3 %, l'annuité sera de 2,000 francs par kilomètre.

Les frais d'exploitation seront fixés pour chaque période de dix ans par la moyenne des frais pendant les dix années précédentes, mais on ne tiendra pas compte, dans la détermination de cette moyenne, des chiffres correspondants aux deux années où les frais d'exploitation auront été le plus élevés et aux deux années où ils auront été le plus faibles.

Le Protectorat ne pourra donc participer aux bénéfices que lorsque les recettes brutes dépasseront le chiffre déterminé par la formule suivante où A représente les frais d'exploitation :

$$\frac{100}{12 \times 100,000} + 2,000 + A = 14,000 + A.$$

## ARTICLE 15.

A partir de l'année 1910, il sera abandonné au Protectorat

20 p. 100 de droits perçus dans le port ; à partir de 1920 : 25 p. 100,
et à partir de 1930 : 30 p. 400.

### ARTICLE 16.

Les paragraphes 1 et 2 de l'article 9 seront applicables par kilomètre de voie ferrée et après approbation du projet qui y correspond.
Les terrains concédés en vertu du paragraphe 1er devront être
choisis par le concessionnaire, un an après l'acceptation du tracé
de la ligne ferrée correspondante.

### ARTICLE 17.

M. de Morès ne pourra commencer l'exécution des lignes
énumérées aux paragraphes 2, 4, 5 de l'article 1er, avant
d'avoir livré à l'exploitation celles désignées par les paragraphes
1 et 3, à moins d'autorisation du Protectorat.

### ARTICLE 18.

Le concessionnaire ne deviendra définitivement propriétaire des
terrains qui lui sont accordés par le paragraphe 5 de l'article 9 que
lorsqu'il aura :

1° Livré à l'exploitation et dans les délais prévus la ligne reliant
la côte dans la région de Tien-Yen à Lang-Son et établi les facilités
nécessaires pour le débarquement commode des marchandises et
des passagers ;

2e Dépensé 5 millions de francs pour la construction du port et
de ses annexes, à la condition que le Protectorat effectue une
dépense égale et pour les mêmes objets, dans la partie du port dont
il se réserve la propriété d'après l'article 11 ;

3° Livré à l'exploitation et dans les délais prévus la ligne reliant
la côte dans la région de Tien-Yen aux Sept-Pagodes et à Hanoï.

L'exécution de chacun des paragraphes ci-dessus, donnera droit
à la propriété de 3,000 hectares de périmètre privilégié.

Les 1,000 hectares réservés aux colons seront distribués au fur
et à mesure des demandes, sans tenir compte des dispositions précédentes.

### ARTICLE 19.

Dans le cas où M. de Morès n'exécuterait pas complètement le programme défini par un des paragraphes de l'article précédent, le Protectorat aura le droit de le déclarer déchu de tous ses droits et privilèges, sans qu'il soit fondé à réclamer aucune indemnité.

Les travaux exécutés à ce moment pourront être rachetés par le Protectorat, sur estimation, ou vendus aux enchères au profit du concessionnaire.

### ARTICLE 20.

Dans le cas où les estimations des travaux d'infra-structures pour les lignes avec garantie d'intérêt paraîtraient trop élevées, le Protectorat se réserve le droit d'exécuter lui-même ces travaux, les fonds nécessaires étant fournis par le concessionnaire jusqu'à concurrence du montant des estimations de ce dernier.

L'estimation des travaux de super-structure résultera des dépenses faites pour les travaux analogues sur les lignes déjà construite.

### ARTICLE 21.

Toutes les fois que les recettes nettes des lignes construites avec garantie d'intérêts dépasseront le revenu garanti, les excédents seront partagés par moitié entre le Protectorat et le concessionnaire.

### ARTICLE 22.

Tous les matériaux de construction, à l'exception des bois, ponts en fer, rails, etc., qui ne sont pas de production indigène et qui devront être importés, ainsi que le matériel nécessaire de l'exploitation : outillage, matériel roulant, etc., seront de provenance française et achetés soit en France, soit dans l'Indo-Chine française.

### ARTICLE 23.

Les travaux du réseau ferré et du port seront considérés comme étant d'utilité publique.

### ARTICLE 24.

Le concessionnaire se conformera pour la construction et l'exploitation du réseau ferré et du port, au cahier des charges annexé à la présente convention.

### ARTICLE 25.

La présente convention ne sera définitive qu'après l'approbation par le Ministre de la Marine et des Colonies, S. M. le roi d'Annam lui laissant toute faculté pour modifier ladite convention.

Dans le cas où le Ministre du Commerce ne donnerait pas son approbation avant le 1er février 1890, la convention sera annulée de plein droit.


### III


Voilà quel est le projet de M. de Morès. On en comprend la portée, on en voit l'intérêt. C'est une œuvre grandiose dans son ensemble et pratique dans ses détails, digne de la France et conforme aux intérêts bien entendus de la métropole et de la possession.

Nous ne voulons pas discuter ici toutes les questions connexes que le problème soulève. Un fait est certain, c'est que sans garantie, sans subvention pécuniaire, un Français, M. de Morès, propose d'entreprendre au Tonkin une œuvre colossale de travaux publics. Or, qui dit travaux publics, au point de vue colonisation, dit tout ou presque tout. C'est par là, en effet, que la civilisation doit presque tout entière se manifester dans les pays conquis. Les travaux publics, ce ne sont pas seulement les routes ouvertes aux échanges matériels et les moyens de prise de possession effective; ce sont surtout les voies ouvertes à la conquête morale. Par eux l'indigène est mis en contact avec le conquérant; par eux il participe aux bienfaits immédiats et réels d'une civilisation supérieure.

De tous les moyens que nous avons à employer pour justifier notre conquête aux yeux mêmes des indigènes, le meilleur c'est de leur donner, par des travaux publics sagement entrepris, un bien-être et des facilités qu'ils ne connaissent pas. Les Asiatiques, en général, et les Annamites, en particulier, se rendent parfaitement compte de l'utilité des voies de communication sûres et rapides.

Les Anglais, qui savent coloniser, ont bien compris l'extrême importance de ce moyen d'action ; aussi leur possession de l'Inde est-elle merveilleusement organisée au point de vue des travaux publics. Il y a là des travaux d'irrigation et de chemin de fer, pour ne parler que des principaux, qui sont des merveilles. Partout d'ailleurs nos voisins d'outre-Manche, ont faits les plus grands sacrifices pour donner à leurs sujets ou à leurs protégés les satisfactions du confort occidental ; à Hong-Kong, comme à Shanghaï, pour ne citer que l'Extrême-Orient, il y a un luxe de travaux publics qui donne une haute idée des aptitudes colonisatrices des Anglais.

Pourquoi ne les imiterions-nous pas ? Sont-ce là des efforts que nous ne puissions pas faire? On s'est plaint jusqu'ici que l'initiative privée ne se manifestait pas en France. Il semble à des indices sérieux que ce temps-là est passé. Avec d'autres, l'exemple donné par M. de Morès, semble concluant. Et cette initiative paraît même atteindre du premier coup à un point qu'on n'aurait pas osé espérer il y a peu de temps encore.

Quels profits ne retirerait-on pas d'un semblable mouvement. Avec de tels travaux, c'est d'abord l'effort civilisateur qu'on seconde, puis ce sont les intérêts matériels qu'on satisfait.

C'est la pacification qu'on assure, par la transformation immédiate du pirate en travailleur; c'est la pénétration qu'on réalise, en rendant les intérêts annamites solidaires des intérêts français; enfin, c'est la vie commerciale qu'on crée dans le pays même où elle peut le mieux se manifester. Le trafic chinois est dérivé et amené aux points par où il peut le plus facilement sortir et entrer.

Nous ne voulons point, nous le répétons, entrer ici dans la discussion topographique, citer des noms, apporter des opinions et montrer comment, en somme, tous ceux qui connaissent le Tonkin sont unanimes à constater l'extrême importance de Tien-Yen. Nous nous bornerons à signaler seulement les efforts faits par les Chinois pour amener à Pakhoï (en Chine) le commerce qu'on se propose de déverser sur Monkay-Tien-Yen (au Tonkin).

Voici la traduction et quelques extraits d'une pièce qui circule dans la province de Canton, et qui contient les instructions données par les Chinois à leurs compatriotes de cette région sur la façon dont il convient d'agir :

1° Monkay étant à proximité de la mer et accessible aux jonques, est un des points les plus importants de la côte jusqu'à Haïphong, c'est pourquoi il ne faut point le laisser occuper par les Français.

2° Dans cette région, il y a près de vingt mille pièces de terre livrées à la culture et au jardinage, et le pays se prête encore à des agrandissements sur la mer et à des exploitations ; c'est pourquoi il ne faut point le laisser occuper par les Français.

3° En dehors des terrains fertiles livrés à la culture, il y a aussi des salines sur la côte, de même que dans l'intérieur ; leur étendue est de plus de 20 lys, ce qui est d'une grande utilité aux habitants de cette partie de la frontière et aux pêcheurs de la région ; c'est pourquoi il ne faut point les laisser aux Français, qui s'en attribueraient tout le bénéfice en imposant des droits.

4° Monkay étant la porte d'entrée de la région occidentale du Kuang-Si et d'une partie du Kuang-Tong, et de plus, à proximité de la mer, est naturellement le point qui s'impose pour la création d'un grand marché. Si les Français s'y établissent comme les autres Européens l'ont fait à Hong-Kong et à Macao, leurs navires y introduiront toutes espèces de marchandises européennes, dont ils feront de grands dépôts ; ce qui attirera de faux commerçants qui les introduiront en Chine et les feront écouler sur tous les marchés. Par leurs échanges ils se procureront tous les produits d'une partie du Kuang-Si et des trois préfectures de *Kao-Tchao*, *Lim-Tchao* et *Loï-Tchao* aussi facilement que s'ils n'avaient qu'à tendre un filet pour les saisir. Les Français accaparant ainsi le commerce, que deviendront les habitants des régions voisines ?

Il ne faut donc pas laisser le Français occuper ce pays.

5° Les Français, astucieux et fourbes, depuis qu'ils ont entrepris la guerre avec les Annamites, ont presque toujours été vaincus : ils l'ont été une première fois par le vieux chef Luu-vinh-Phuoc ; ils l'ont été enfin définitivement par le général Fong-Kong-Bao. Or, tous les deux ont leurs propriétés situées à Kim-Tcheou.

Les Français nourrissent certainement des sentiments hostiles contre eux, mais qu'ils ne manifestent pas encore ; s'ils se sont établis dans la région de Monkay, avec de nombreuses troupes, c'est qu'ils ont vu que c'était un point stratégique important, d'où ils pourront arrêter l'envahissement des irréguliers dans le Tonkin et au besoin pénétrer facilement en Chine.

Si un jour ils mettaient à exécution ce projet pour exercer leur vengeance, les deux mandarins que nous venons de nommer auraient à courir de grands dangers, et cela serait une cause de calamités innombrables pour le pays.

6° Les Français ont l'avantage pour les combats sur mer : en occupant Monkay et dans cette région d'autres points stratégiques maritimes, il y aurait là de très grands inconvénients pour la sécurité du pays chinois : car, si de ce côté l'on crée des difficultés relevant de la sous-préfecture de *Kin-Tcheou*, comme cette sous-préfecture est très étendue du côté de la mer, on serait pour ainsi dire paralysé ; aucun renfort ne pourrait partir pour l'intérieur dans le cas où les trois préfectures de *Kao-Tchao-fou*, *Lim-Tchao-fou*, *Loï-Tchao-fou* seraient attaquées par l'intérieur et par l'extérieur ; elles seraient dans l'impossibilité de se défendre, ce qui nous fait penser aux proverbes suivants : « Une étincelle mal éteinte peut allumer parfois un grand incendie ; l'arrachement d'un cheveu peut parfois occasionner des douleurs à tout le corps. »

Nous aurions encore bien d'autres dommages à énumérer qui peuvent s'ensuivre de la présence des Français à Monkay, mais qu'il nous suffise de terminer en vous exhortant à réunir tous vos efforts pour faire cesser le plus tôt possible cette occupation.

L'occupation est aujourd'hui un fait accompli. Il lui manque bien un complément, l'enclave de Paklung malheureusement abandonnée à la Chine, mais notre possession de ce côté, telle quelle est, comprend encore la partie essentielle.


Le factum chinois qui précède enlèverait tous les doutes s'il pouvait en subsister encore après l'étude du terrain. Il y a donc là une position de premier ordre. Quelle est sa situation aujourd'hui au point de vue commercial? A quel trafic donne-t-elle lieu? Que vaut-elle au point de vue économique et stratégique? Actuellement, rien ou peu de chose.

Or, M. de Morès propose justement de donner à cette superbe position l'essor auquel elle peut légitimement prétendre. Le chemin de fer de Lang-Son à la mer fera naître, en effet, la vie commerciale et politique que les Chinois redoutent tant de lui voir prendre.

Il y a plus, et c'est là ce qui donne à cette entreprise de M. de Morès grande en soi et par elle-même pleine d'ampleur, son véritable caractère, c'est qu'elle répond, au fond, aux futures destinées de ces pays plein d'avenir. Car il faut en ces matières voir grand et loin si l'on veut véritablement faire une œuvre.

Le Tonkin, en effet, a une importance spéciale en ce qui concerne notre action en Extrême-Orient, car il ne faut pas perdre de vue que les trois provinces chinoises frontières de ce pays, le Yunnam, le Quang-Tong et Quang Si graviteront docilement dans notre cercle d'attraction, si la France s'établit au Tonkin dans des conditions normales. Eh bien ! n'apparaît-il pas que la ligne ferrée de M. de Morès formera comme la suture de ces deux fractions annexes de l'Indo-Chine et de la Chine. Il y a là une entreprise grosse de conséquences dans l'avenir et lorsqu'une œuvre d'une semblable envergure est présentée dans les conditions qu'on sait, quand elle émane de l'initiative privée et qu'elle ne réclame ni garantie ni subvention pécunière, l'administration n'a qu'un devoir : l'encourager par tous les moyens, de telle sorte qu'elle serve d'exemple et qu'on crée ainsi cette colonisation individuelle que possèdent les Anglais, et qui seule peut assurer aux pays d'outre-mer la paix, la richesse et la prospérité.

# Annexes.

—

Voici comment la presse coloniale, métropolitaine et étrangère juge le projet de M. de Morès :

Du *Courrier d'Haïphong :*

« Le projet de M. de Morès a ceci d'intéressant qu'il résout, dès le premier tronçon, le problème délicat du travail direct France-Chine et vice-versa, par le Tonkin. En effet, M. de Morès s'engage à construire immédiatement le chemin de fer de Tien-Yen à la porte de Bi-Nhi, par Lang-Son, chemin de fer qui sera prolongé, aussitôt terminé, jusqu'à un point de la frontière de Chine, au nord de Cao-Bang, le plus rapproché de Pose-Ting.

« M. de Morès s'engage ensuite à construire, si le gouvernement le lui demande, la ligne Tien-Yen-Hanoï, avec embranchement aux Sept Pagodes sur Lang-Son — ligne stratégique, — et à prolonger la ligne Tien-Yen-Hanoï jusqu'à la frontière du Quang-Si, par Thaï-Nguyen, Thong-Hoa-Phu, les lacs Ba-Bé..... »

Et l'article se termine par les considérations suivantes :

« Le débouché chinois est actuellement un énorme facteur dans l'équilibre anglais, et il est de l'intérêt des Anglais de conserver la Chine sous leur dépendance et de l'empêcher de se suffire à elle-même, car ils sont des exploiteurs et ils ne veulent pas laisser payer leurs billets. Notre situation est toute différente ; une transaction quelconque sera un progrès dans l'Etat, et il nous serait fort avantageux de fournir à la Chine l'argent et le matériel économique nécessaires à sa transformation, tandis que pour l'Angleterre, ce serait la ruine.

« *Intelligenti pauca.*                     De C. C. »

L'*Indo-Chinois* du 26 mai écrit, faisant allusion au projet de chemin de fer à voie étroite de Hanoï à Lang-Son :

« On sait qu'il y a quelques mois M. de Morès a offert de faire un vrai chemin de fer, pour rien, à ses risques et périls, à la seule condition qu'il obtiendrait certaines concessions de terrain sur le parcours.

« C'était une affaire à traiter sans bourse délier ; il parait qu'au ministère on ne les aime pas comme cela ; ordre a été donné à l'administration locale de ne pas traiter, et aujourd'hui on va faire pour des millions et beaucoup plus mal ce qu'on pouvait avoir pour rien.

« M. le marquis de Morès a dû quitter le Tonkin ; il rentre en France par Hong-Kong, Canton, le Japon et l'Amérique. A son arrivée en France, il compte pouvoir traiter avec le ministère les questions si intéressantes qu'il n'a pu conclure, en raison des *bâtons qu'on a mis dans les roues*.

« Mais M. de Morès n'est pas un homme à se décourager pour si peu ; il poursuit l'exécution d'un plan grandiose, la construction de lignes ferrées reliant les frontières de Chine à des ports européens. Il saura réaliser cette œuvre qui est l'objectif de toutes les grandes puissances.

« La commission dont on l'avait empêtré a, parait-il, trouvé que les concessions qu'il demandait le long des lignes construites pouvaient constituer dans l'avenir de trop gros avantages; on a eu peur, en un mot, de voir M. de Morès conclure une belle affaire. On aurait désiré qu'il risquât son temps et ses capitaux sans compensation d'aucune sorte.

« Mais ce n'est que partie remise : le ministère mieux informé signera des deux mains ce que demande M. de Morès au grand profit de la France et de notre colonie. »

La presse métropolitaine n'est pas moins explicite :

Le *Temps* écrit le 10 juin :

« Quelle excellente machine de guerre pour les adversaires du gouvernement républicain que la question du Tonkin?.....

« Par bonheur il ne se trouve que des observateurs intelligents et impartiaux reviennent de ces régions si décriées; ils notent leurs impressions dans des revues ou des livres; ils les communiquent au public dans des conférences, et ce qu'ils rapportent de leur lointaine expédition, ce n'est pas le découragement et l'effroi, mais au contraire l'admiration et l'enthousiasme. Cet enthousiasme est tellement sincère qu'il gagne même les esprits les plus prévenus : la passion politique est bien forcée de céder devant la clarté lumineuse des faits!..... Pourquoi cette surprenante conversion? Parce qu'on a entendu parler du Tonkin par un Français qui vient d'explorer ses frontières : le voyageur (M. de Morès) a dit ce qu'il avait vu; il a indiqué comment, à son avis, il serait possible d'utiliser notre conquête et d'en retirer, pour notre patrie, d'immenses avantages. »

Après une conférence faite en la Société de Géographie, le 7 juin 1889, par le marquis de Morès, sur son voyage et ses projets, le président lui adressait les paroles suivantes :

« Nous entendons à chaque instant parler du Tonkin; les journaux nous en entretiennent souvent; mais d'ordinaire, dans ces articles, il est question d'expéditions militaires, de quelques exactions de pirates ou de Pavillons plus ou moins noirs. Mais il est bien rare que notre curiosité soit satisfaite sur d'autres points. Nous savons bien peu de choses sur le pays lui-même, son sol, sa population, son commerce, ses productions de toute sorte. Aussi des explorations telles que celle dont vous venez de nous faire le récit, sont-elles précieuses, à raison des renseignements quelles apportent. »

Le *Figaro* dit, à la date du 9 juin :

« Le projet de M. de Morès, étudié sur les lieux mêmes, avec le concours des autorités françaises, nous semble digne de tout l'intérêt des pouvoirs publics, et en particulier du sous-secrétariat d'Etat aux colonies. Nous le signalons à l'attention de M. Etienne. »

L'*Autorité,* à la date du 12 juin, dit :

« Puisque nous avons le Tonkin, il faudrait en finir. Il y a là-bas des indigènes qui ont eu foi en nous; il y a, de plus, quatre millions de Tonkinois qui sont devenus catholiques à la suite de l'enseignement des missionnaires et pour lesquels, si nous faisons un pas en arrière, ce serait le signal de la mort.

« La situation est donc celle-ci : la France, après avoir fait un mouvement en avant, étonnée, hésite; dans ces conditions, il a toujours fallu des volontaires pour enlever une position difficile. Eh bien! M. de Morès et ses amis sont prêts à engager pour la France une entreprise coloniale qui peut faire du Tonkin le débouché de la Chine occidentale. M. de Morès et ses amis ne demandent que des terres abandonnées et un peu de liberté d'action.

« Il serait désirable que le gouvernement soutînt de toutes ses forces cette entreprise hardie. »

La presse étrangère n'est pas moins unanime dans ses appréciations élogieuses.

L'organe des Chambres de Commerce anglaises, le *Chamber of Commerce Journal,* s'exprime ainsi :

« Nous n'avons jamais attaché beaucoup d'importance à la valeur du Tonkin pour la France au point de vue commercial, soit à cause de sa position géographique, soit à cause du faible succès de nos voisins les Français dans leur colonisation. Pour atteindre les marchés de la Chine à travers le Tonkin, nous avons démontré que les efforts des Français seraient neutralisés, sinon déçus par le chemin de fer de Burmese à travers les états de Shan, vers le sud-ouest de la Chine. Il parait que les Français sont sur le point d'obtenir un avantage pour atteindre les marchés du sud-ouest de la Chine, au moyen d'une nouvelle route décrite par le marquis de Morès, à la Société géographique de Paris, qui a démontré qu'une des principales artères de la Chine, un tributaire navigable de la rivière de Canton, peut être mise en communication directe avec le territoire français par un chemin de fer d'une longueur de 200 kilomètres environ. La plus grande partie du commerce des provinces de l'ouest de la Chine passe à travers Canton, mais avec d'énormes difficultés et des voyages durant de 60 à 80 jours. La nouvelle route, passant à travers le Tonkin, économiserait environ 60 jours, et la colonie française pourrait devenir le débouché commercial de tout le commerce de l'ouest de la Chine. »

On lit dans la *Pall Mall Gazette* :

## THE FUTURE OF TONGKING

### (FROM OUR TRAVELLING COMMISSIONER).

THE first explorers of Tongking saw in the Red River, which crosses it from frontier to sea, the great highway to and from the wast and wealthy provinces of Southern China. This was the dream for which Francis Garnier and the rest of the brave band of Frenchmen schemed and fought and died, To-day it is known to have been indeed the " baseless fabric of a vision. " The Red River has been explored to the Chinese frontier and found to be unsuited to serious navigation for the greater part of its length, to be both shallow and full of rapids. The future of Tongking, therefore, if it has one, must lie in another direction than that which inspired its conquest. But has it a future — this 200,000 square miles of varied country, which has cost France 36,000 men and enknown millions of francs, will it some daz give back these lives and this theasure a hundredfold, or is it destined to drag on in misgovernment and ami political rancours for a few years, till evacuation closes the shameful chapter ? That depends. But for my own part I do not see how anybody who has had opportunies of closely observing Tongking in different parts can douht the possibility of a future perhaps even beyond that which Garnier dreamed.

### THE FERTILITY OF TONGKING.

To begin with, the most striking superficial feature of Tonking is its fertility. Wherever I have seen it, the land has been green with trees and " in verdure clad " or covered with luxuriant crops. The enormous delta of the Red River is or may be a vast rice-field, but after the splendid crops of last year nobody doubts this. Befory many years the chief rice supply of the Far East may come from Tongking. And countless other parts of the country, all the travellers have told us, show moist low-lying land equally suited for rice cultivation. Already experiments have shown that wheat will grow admirably on the dry uplands. Its grain is smaller and browner and much heavier than in Europe, the cost of cultivation is not more, while the selling price is at present fifty per cent, higher. Oleaginous grain is already grown in considerable quantity by the natives, who extract the oil by a curious process of their own. A large concession of land has just been tahen up to be planted with sugar-cane, and there is no doubt that many other agricultural products need only intelligent introduction.

### HOW TO EPEN UP SOUTHERN CHINA

Again, consider the question of opening up Southern China-Garnier's hopes of the Red River route were baseless, but what the river has failed to do the railway may easily accomplish. An interesting scheme to affect this is at the present moment struggling against the vacillation of the authorities. It is the plan of the Marquis de Mores, who has gone over the ground himself with French engineers, and certainly on paper it is an attractive one. His idea isto supersede half the caravan route between Canton and Yunnan and Thibet. At present the cost of transport is from three to four shillings per ton per per mile — I am quoting the details he gave me himself—and the time occupied in transit is from Canton to Namning 30 days, and from Pakhoi to Namning 18 days. At present from Yunnan and Thibet only opium comes back in exchange for piece-goods. It has been well known for years that Yunnan is extremely rich in minerals—iron, silver, lead, tin, zinc, etc., but none of these can afford the cost of caravan transport. M. de Mores claims that he can reduce the four shillings to three pence and the thirty days to fifteen hours. The railway, of metre gauge, is planned to start from a place colled Tien-An (you will not find it on the map), some distance on the coast north of Haiphong, and to run about 100 miles in a north-westerly direction to a point on a river where France has treaty-rights of navigation to Lungchow, where there is a French Consul, and which is 100 kilometres from the present caravan route. Such is M. de Mores' plan and the French Government is said to have agreed to it provisionallz and promised a land-grant, etc If it is carried out, other lines will connect the harbour at Tien-An with Hanoi, and then strike still further north. Whether this line is built, however, and it is but a trifling thing of a hundred miles, the principal objection to it being that it looks too simple, I am convinced that railway communication with Southern China vià Tongking is a practicable scheme.

### The Future Coal Supply of the Far East.

Finally, as regards its minerais, the wealth of Tongking is not open to doubt. Two years ago the Governement engineer sent out on a special mission by the French Admiralty and Colonial Office to report upon the coalfields of Tongking, gave a list of other mines worked by the natives, 117 in all, and among them 32 gold mines, 13 silver mines, 29 iron mines, 7 copper mines, and 6 zinc mines. Here I can begin to speak from my own knowledge. On the Concession of the Société Française des Charbonnages du Tonkin, at a place called Campha, I have seen a " boulder-stream " of remarkably pure antimony, 3,000 yards long with an average thickness of 20 feet, and I have stood on a solid block of pure oxide of antimony weighing 16 tons. In the same concession I saw a vein of oxide of cobalt measuring 100 yards by 500 by one yard. And from a little further north I have seen remarkable specimens of copper ore. Infinitely more important, however, than all these, are the coald-fields stretching all along the east coast of Tongking. For years the existence of these was well known and many times the commanders of French gunboats, vho had been struck by the multitude of outcrops, sent home reports calling attention to them and to the enormous advantages which would accrue to France if they could be success-fully worked. At last the company I have already mentioned was formed two years ago to work a concession obtained by M. Bavier-Chauffour, and a large number of its share were taken up in Hongkong. At this time the venture was looked upon as risky and many French and foreign capitalists fought shy of it. The story oj the concession, if I had space to narrate it, would read like a chapter of an Oriental " Monte Cristo. " To make an indisputable legal tender a ship was chartered to carry 100,000 silver dollars to Tongking, where the foreign population turned out armed to escort the bullock-carts carrying the twenty-kve wooden cases through the streets. Refused there, the dollars were taken on board again to the Court of Annam and the ship narrowly escaped destruction in a typhoon. Then they were brought back again to Haiphong, where the French authorities finally accepted them. Now the Société has alreadu 1,000 coolies, two engineers, and a dozen master-miners at work. Its concession extends over scores of square miles, not one-tenth of which has yet even been explored. It consists of three districts, Hongay, Hatou and Campha, the first two being wholly coal. I have been over the whole of the workings twice and into every one of the galleries, and even taken photoraphs of the miners at work. So I can speak with some confidence. As regards the quantity of coal, it is practically inexhaustible. There are millions of tons in sight and nobody çan guess how much lies below. I have been in a scores galleries, each of them in a solid seam from 10 to 20 feet thick. At Hatou there are seven seams side by side, aggregating 54 feet of coal. And yet these are merely the preliminary works of prospecting. The " Marguerite Mine " at Hongay is a great mountain of coal. As regards quality, the prospects are equally good. The works at present have been made chiefly with the object of discovering the proper place for the deep shafts, and therefore the coal has almost all been surface coal. Yet its analysis has been excellent; it has been tried successfully on board a French gun-boat, the *Arquebuse*; I myself have travelled for two days in a 50-ton launch with high pressure engines burning it all the time and keeping 60 pounds of steam up; a first contract for the sale of 500 tons has been made; and within the last week coal has been reachen at the " Marguerite Mine " giving on analysis 16 per cent of volatile matter. This was all that was lacking in previous analyses tho so show a coal slightly superior to Cardiff. Curiously, this is exactly what the French Governement engineer, whom I have previously quoted, foretlod two years ago. " Our opinion is, " his report concludes, " that Tongking possesses an immense wealth of excellent combustible... rivalling Anzin and Cardiff coal by its extreme purity, the absence of iron pyrites, and by a development of heat at least equal to that furnished by these coals. " I asked the Engineer-in-chief for his formal opinion. " C'est une richesse immense, " he replied. And he staked his reputation—and he has one to lose—that in four months from now he would furnish in quantity coal equal to Cardiff.

In Europe ten companies would be formed to exploit what has adready been discovered on this single concession. When it is further developed the Société will need a small standing army of miners and a staff corps of engineers. As a proof of how this fact is appreciated in the East I may add that to-day, as I write, there are in Hongkong buyers of the 500 franc shares of the company at 700 dollars per share—400 per cent. premium-and no sellers, although there are thousands of shares in the Colony. If the coal-fields of Tongking turn out as appearances promises, it is impossible to exaggerate their importance to Indo-China. At the port of Hongkong alone there is a consumption of 50,000 tons per month.

### THE POLICY OF THE " CLOSED FIST. "

" I think I have now said enough to show that there is a possibility certainly of a prosperous and perhaps even of a magnificent future for Tongking. I said, however, in beginning this letter, " that depends. " It depends upon the French authorities at home and upon their influence on the authorities on the spot, and upon that alone. As I tried to make clear in my previous letter, Tongkink is grievously misgoverned. Instead of finding a helping hand, the French colonist encounters a closed fist. The " functionary, " clothed in his little authority, has utterly forgotten that he is the servant of the colonist, that he has no other reason for existence except to aid and protect and encourage his selfexiled countryman. As it is, while the colonist is the blood of the new country, the " functionary " is the leech. Day by day the cry of the French colonial civilian goes up to heaven. " Pas tant d'Administration ! " Everywhere else in the world, capital is welcomed, no matter whose pocket it comes out of. In Tongking alone gold must be stamped with " liberty, equality, and fraternity " before it is received, and a man must be a Frenchman before he is allowed to labour with the rest. The anniversary of the Revolution seems a joke when one learns in Tongking that one of the conditions attached to a concession is that nobody but Frenchmen shall be employed on it. I do not believe there is another country in the world which would make such a pitiful stipulation. Does France not know what is done in her name? or is she not ashamed, remembering '89, to set such an example to-day to the world?

### THE CONDITIONS OF PROGRESS IN TONGKING.

I suppose it is wasting words to inveigh against suicidal protection and the " Tarif général, " but in conclusion I will say simply this. I believe, as every one who has looked into the matter believes, that Tongking offers a prosperous future. But I know, as everybody who has looked into the matter knows, that she will never reach it along the present road. A certain permanency of appointment for the Governor-General ; a relaxing of restrictions upon the colonists all round ; a hundred times more respect paid by officials to their wishes and requests ; above all a glad welcome to capital and' entreprise from any source ; — these are a few of the primal conditions of progress. If they do not come, then France may prepare for the humiliation among the nations which the very name of " Indo-China " will soon carry with it. In the words of the editor of the *Courrier d'Haiphong* in the issue now lying before me, " To continue as at présent means the loss of Indo-China — it means the ruin of French influence in the far East. " But if these and other conditions come about, then " le Tonkinois, " like so many other expressions invented in scorn, will be handed down as a title of honour by the children of those at whom it was flung.

Il faut citer encore les articles du *New-York-Herald*, du *Daily Press*, du *China Mail*, etc., etc., qui tous rendent hommage au projet de M. de Morès comme une conception des plus propres à augmenter le prestige et la fortune de la France en Extrême-Orient.

---

*Senlis, imp. Ernest Payen.*

www.ingramcontent.com/pod-product-compliance
Lightning Source LLC
Chambersburg PA
CBHW061623060726
47597CB00005B/1772